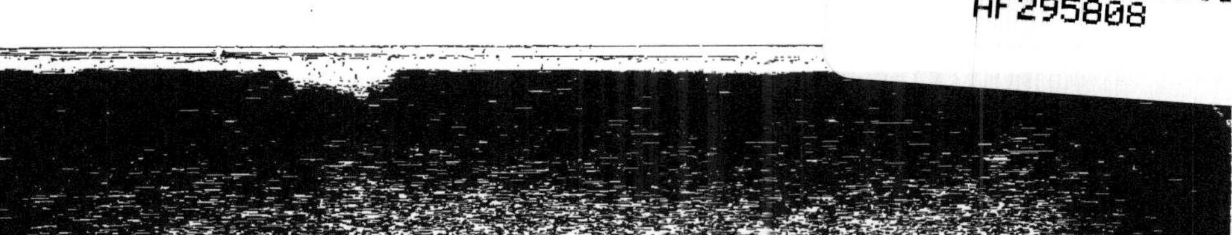

CAUSES ET STATISTIQUE

DE

L'IMIGRATION & DE L'IMMIGRATION

Considérées principalement au point de vue

DE LA

RÉPUBLIQUE ARGENTINE

RAPPORT

Présenté au Congrès International des Sciences Géographiques de 1889

PAR

Gabriel CARRASCO

Membre de la Société de Géographie de Paris
Membre correspondant de l'Institut Géographique de Argentin
Directeur du Recensement de Santa Fé
Délégué du gouvernement de la même province à l'Exposition de Paris

PARIS

IMPRIMERIE TYPOGRAPHIQUE E. MIQUILLOT
13, QUAI VOLTAIRE, 13

1889

CAUSES ET STATISTIQUE

DE

L'ÉMIGRATION ET DE L'IMMIGRATION

DANS LA

RÉPUBLIQUE ARGENTINE

CAUSES ET STATISTIQUE

DE

L'ÉMIGRATION & DE L'IMMIGRATION

Considérées principalement au point de vue

DE LA

RÉPUBLIQUE ARGENTINE

RAPPORT

Présenté au Congrès International des Sciences Géographiques de 1889

PAR

Gabriel CARRASCO

Membre de la Société de Géographie de Paris
Membre correspondant de l'Institut Géographique Argentin
Directeur du Recensement de Santa Fé
Délégué du gouvernement de la même province à l'Exposition de Paris.

PARIS

IMPRIMERIE TYPOGRAPHIQUE P. MOUILLOT

13, QUAI VOLTAIRE, 13

—

1889

ERRATA

PAGE	LIGNE	AU LIEU DE	LISEZ
8	16	son absorption	sa raréfaction
9	9	*l'établissement*	*le rétablissement*
9	10	*instable*	*troublé*
11	18	l'achat	l'acquisition
13	21	moins	un peu plus
—	22	*trente*	soixante
15	8	unir leur population	son peuplement
—	11	condensent	produisant
18	23	que le dogme sacré de l'humanité sur la terre	qu'elle
25	9	qualité de notre affinité	vérité de notre affirmation
26	18	des trois quarts	d'un quart
27	5	550,000 immigrants	150,000 immigrants
28	14	au sien	au sien avec la France
—	17	à l'émigration que celui	à l'émigration
32	9	non par défaut ou excès	non par excès, mais par défaut
—	11	dans les dernières conditions	dans les meilleures conditions
33	26	sec	sain
37	3	en France	en francs
39	10	1,624,497	1,624,797

CAUSES ET STATISTIQUE

DE

L'ÉMIGRATION ET DE L'IMMIGRATION

DANS LA

RÉPUBLIQUE ARGENTINE

CHAPITRE PREMIER

LES CAUSES D'ÉMIGRATION

Si l'on approfondit la philosophie de l'histoire, c'est-à-dire la formation et le développement de l'humanité sur la terre, l'on verra qu'elle n'est que la conséquence de l'émigration des peuples des différentes régions, cherchant leur voie dans la terrible lutte pour la vie.

Les plus anciens monuments littéraires qui nous soient parvenus nous rendent compte de l'émigration partielle ou en masse de peuples entiers, témoin les Hébreux abandonnant l'Égypte à la recherche de la terre promise, les Ariens ou Indo-Européens qui, des plateaux élevés qu'ils habitaient dans l'Asie centrale, se répandent en se divisant sur toute la superficie de la terre, puis vient le peuple romain étendant sa domination sur une grande partie du monde connu, jusqu'à ce que les immenses hordes du Nord se répandent à travers l'Europe centrale et méridionale, dominant tout sur leur passage et envahissant l'empire romain qui finit par disparaître sous leurs coups.

Le moyen âge nous montre les populations mahométanes de l'Afrique et de l'Asie, se lançant sur l'Europe dont elles s'emparèrent d'une grande partie et créant de nouvelles races en se mêlant à l'élément indigène, tandis qu'à son tour l'Europe, réagissant contre le mouvement d'invasion, tente la conquête de l'Orient avec les croisades.

Si nous regardons l'histoire moderne nous voyons que les entreprises maritimes de la fin du xv° siècle, et principalement la découverte de l'Amérique, donnent lieu à une immense émigration qui traverse l'Océan pour peupler les nouvelles contrées, et lorsque plus tard les progrès de la géographie démontrent l'existence d'un monde entier enclavé dans le Pacifique, ces émigrations s'accentuent et donnent naissance à différents peuples, voire même à des nations dont quelques-unes ont déjà atteint le plus haut degré de prospérité, tandis que d'autres sont encore dans la période de leur création.

Si arrivés à l'époque contemporaine nous jetons un coup d'œil investigateur autour de nous, nous trouvons aussi que les faits sociaux les plus remarquables que peuvent offrir à notre étude la géographie économique et statistique, se trouvent en grande partie dans les mouvements d'émigration qui ont lieu parmi les grandes masses humaines de la terre.

Dans le dernier siècle seulement ces mouvements ont pris de telles proportions qu'ils donnèrent naissance à un grand nombre de peuples, et il se continue de nos jours avec une telle rapidité et une telle intensité que non seulement il a déjà élevé quelques-uns au rang des plus puissants, mais encore la plus légère étude laisse prévoir qu'une chose analogue arrivera pour d'autres dans un temps assez rapproché; et même que quelques nouveaux peuples se formeront qui viendront à leur tour prendre leur place au milieu des grandes masses humaines.

Nous avons ainsi l'Amérique du Sud et du Nord où existent des masses qui se développent avec une rapidité dont on ne retrouve point d'exemple dans l'histoire; l'Océanie où se forment d'importants centres humains, là où jusqu'à nos jours n'existait que le désert; nous avons enfin l'Afrique, la région mystérieuse de l'antiquité, qui livre chaque jour ses secrets aux efforts des savants et des explorateurs qui tous s'efforcent d'arracher les parties de son territoire aux ténèbres et à la barbarie, pour leur donner en échange la lumière de la civilisation en formant des colonies européennes sur les anciens déserts.

Presque toutes les nations européennes ont pris part à ces entreprises de colonisation, fondant chacune de nombreuses colonies qui sont aujourd'hui plus ou moins florissantes, et toutes, sans exception aucune, ont contribué au repeuplement au moyen de leurs enfants qui se sont dispersés sur tous les points de la terre, en apportant soit avec leur langue, soit avec leurs connaissances et leur travail, le nom et l'influence de leur patrie en proportion à leur nombre vis-à-vis de celui de l'émigration des autres nations.

Que signifient maintenant ces faits qui se produisirent au

commencement de l'histoire, ces déplacements continus d'individus et même de peuples d'une région à l'autre?

C'est à l'étude de leurs causes probables et de leurs conséquences réelles que nous allons réserver ces pages.

La science a déjà découvert et démontré que le hasard ou les circonstances fortuites n'existent pas, et que tout dans la nature, depuis les astres qui se meuvent dans l'espace jusqu'aux atomes dont se forment les corps, obéit à des lois immuables que l'homme découvre quelquefois, ou qu'il ignore presque toujours, mais qui n'en sont pas moins réelles et agissent avec une parfaite régularité.

Ainsi l'eau qui se trouve à la surface de la terre, obéissant à la loi de la gravitation, court à la recherche de l'uniformité de son niveau, pour se déverser dans les mers, et lorsque sur un point quelconque du globe, la chaleur solaire dilate et élève une couche d'air produisant son absorption, il s'établit immédiatement des compensations horizontales, qui font que des masses d'air se dirigent de la partie la plus dense à la partie la moins dense, jusqu'à ce que l'équilibre se rétablisse, en produisant des courants atmosphériques ressemblant, théoriquement, à ceux des fleuves et des mers.

Mais si ces lois existent physiquement, il n'en est pas moins vrai qu'elles existent également pour toute masse humaine régie par des lois sociologiques plus ou moins connues ou ignorées, mais qui toutes opèrent avec la même exactitude et la même force que celles qui régissent les corps organiques.

La géographie, l'économie politique et spécialement la statistique, en étudiant ces problèmes, peuvent nous révéler les causes de l'émigration et de l'immigration et nous faciliter par conséquent l'étude d'une question aussi importante, puisque de ces phénomènes dépendent le développement et le progrès d'une grande partie de l'humanité.

Ces antécédents connus, nous pouvons dès lors formuler notre pensée et soutenir la thèse à laquelle nous avons réservé notre étude.

Nous croyons que l'émigration et l'immigration sont dans les sociétés humaines, ce que sont les courants d'eau et le vent dans la masse gazeuse qui enveloppe la terre : *l'établissement d'un équilibre instable par la différence de pression sur deux points d'une même masse liquide ou gazeuse.*

Mais si le fait est le même, les causes en sont complètement différentes : dans les courants aériens ou liquides, opère la force de la gravitation, tandis que les courants humains sont en raison directe des facilités ou des difficultés de pourvoir à leur subsistance.

Le premier cas est soumis à une loi physique, et le second à une loi économique.

L'eau et l'air changent de position suivant les différences de pression en se dirigeant vers la pression la plus faible, en vertu de l'action de la gravité ; les masses humaines, oppressées dans les pays d'une population condensée, se meuvent suivant les moyens d'existence que ces pays leur procurent, elles se dirigent également vers la pression la plus faible et vers les régions qui, de conditions égales, ont une population moindre et leur offrent par conséquent de plus grandes facilités pour subsister.

Cette loi sociologique est tellement exacte qu'il serait aussi facile de la démontrer, qu'impossible d'en prouver le contraire.

A toutes les époques et dans tous les pays les grands courants d'émigration se sont dirigés des territoires très peuplés à ceux qui l'étaient moins ; des plus pauvres et des plus exploités aux plus riches ou aux moins soumis au travail de l'homme.

Mais les émigrations comme tous les phénomènes sociologiques sont très complexes et, en plus de la grande loi naturelle à laquelle nous nous référons, ils obéissent également à des accidents perturbateurs qui peuvent, à un moment donné, contrarier en apparence la loi générale à laquelle ils ne tarderont pas à se soumettre.

Il est ainsi arrivé qu'à certains moments, et obéissant à des circonstances locales, ont eu lieu des émigrations en apparente contradiction de la loi générale, comme cela s'est produit, par exemple, pour la fondation de colonies militaires ou d'établissements d'ouvriers sur des territoires qui par leur climat, leur stérilité ou par mille autres causes ne se trouvaient point en harmonie avec la loi sociologique. Peu après, cependant, la loi naturelle donnait ses premiers résultats; et les colonies périssaient ou se dispersaient, comme se dispersént les eaux, contenues par une digue, qui n'a pu que pendant un certain temps opposer une résistance suffisante aux procédés artificiels qu'on leur opposait pour vaincre la loi de la gravitation, qui veut que le liquide cherche un plan nivelé.

Nous voyons ainsi que les grandes émigrations n'obtinrent de résultats avantageux, en donnant naissance à de nouveaux peuples et de nouvelles nations, que lorsqu'elles s'effectuèrent suivant la loi sociologique que nous avons énoncée, en interprétant cette loi non dans le sens strict de la plus ou moins grande densité numérique de population, ou des chiffres absolus de la richesse d'un pays, mais dans le sens vaste qui correspond aux phénomènes si complexes, suivant lequels la pression envoie les populations vers les pays ou non seulement la densité est plus faible mais encore là où se trouve un ensemble de circonstances, de climat, de fertilité, de sécurité individuelle, de liberté sociale et politique, de facilités de communications et de transports et autres qui rendent plus possibles et moins difficiles dans un pays que dans l'autre l'achat des subsistances et la prolongation de la vie.

C'est ainsi que l'histoire nous démontre d'une façon constante et inflexible, que toutes les émigrations et les colonisations effectuées contre la loi sociologique ont disparues ne laissant pour la plupart dans l'histoire qu'un souvenir lointain sans aucunes traces matérielles de leur existence.

Les Romains fondèrent des colonies sur toute la surface du globe qu'ils connaissaient ; mais malgré l'étonnante puissance de cet empire, celles qui avaient été fondées dans des pays qui malgré leur fertilité et leurs richesses avaient un climat impropre à leurs colonisateurs, ne purent se perpétuer. Un fait analogue se produisit plus tard pour les Arabes qui furent chassés de l'Europe ou finirent par disparaître, ainsi que les arbres des zones tropicales transplantés dans des terrains que la neige recouvre chaque année. De toutes les nombreuses émigrations et fondations de colonies effectuées contre la loi sociologique il n'y en a aucune qui ait pu subsister et qui n'ait tardé à disparaître, sinon immédiatement, tout au moins après quelques générations. Nous en avons un remarquable exemple dans l'Égypte ; là où de nombreuses nations avaient dominé pendant des siècles, les colons ne laissèrent aucune trace de leur passage, la race native prédominant toujours. les mêmes fellahs qui construisirent les pyramides et dont on retrouve le type dans les momies de leurs sépulcres et les dessins gravés sur leurs monolithes.

Mais comme le résultat est différent, lorsque les émigrations s'effectuent d'après la loi sociologique?

La race saxonne, en se dirigeant vers l'Australie et le nord de l'Amérique, a pu se développer d'une telle manière qu'elle a formé des peuples et des nations dont les habitants sont, aujourd'hui, beaucoup plus nombreux que ceux de la mère patrie. La race latine peuplant le centre et le sud de l'Amérique a posé les bases d'un avenir tellement considérable qu'il est impossible d'en calculer la portée, mais qui sera suffisant, comme tout le fait prévoir, pour transporter au nouveau monde le siège de la civilisation future.

Quelle est la cause d'un résultat si différent?

Nous la trouvons dans l'accomplissement ou l'ignorance des lois naturelles qui président au développement des sociétés.

CHAP. 1. — LES CAUSES D'ÉMIGRATION

Grecs et Romains, Arabes et Goths, nations anciennes et peuples modernes ont toujours vu périr leurs essais de colonisation et disparaître leurs émigrations et leurs races lorsqu'ils prétendirent laisser de côté les lois naturelles, et aller coloniser ou diriger leurs courants d'émigration, là où le climat n'est point favorable et où la lutte pour la vie rencontrait des obstacles que l'homme ne peut éviter; en un mot, et pour continuer la comparaison avec le monde physique, lorsque l'on a prétendu vaincre la loi de gravitation, en dirigeant les courants en sens contraire aux forces qui les réclament.

Au contraire, lorsque les peuples et les gouvernements se sont conformés à ces lois ; lorsque les courants d'émigration se dirigèrent vers les climats en harmonie avec les races qui devaient les habiter et vers des territoires comprenant l'ensemble des circonstances qui facilitent la lutte pour la vie, l'on vit se former de nouveaux et vaillants peuples, dotés de toutes les conditions nécessaires pour prospérer et dont beaucoup se sont déjà élevés au plus haut rang parmi les nations civilisées.

Nous en avons un remarquable exemple dans les États-Unis, qui de trois millions d'habitants ont atteint en moins d'un siècle trente millions, et dans toute l'Amérique centrale et du Sud qui marche rapidement à l'accroissement de sa population. L'Australie qui se trouve dans des conditions analogues, qui était presque inconnue il y a un siècle, forme déjà un noyau puissant, qui ne tardera pas à se transformer en une des plus grandes masses humaines. Tout cela malgré l'éloignement de ces régions, séparées de l'Europe par le quart ou la moitié de la circonférence terrestre, c'est-à-dire par la plus grande distance qui se puisse rencontrer.

Tandis que l'Amérique et l'Australie se peuplent rapidement malgré leur éloignement, l'Afrique, cette vaste région du globe située à deux pas de l'Europe, avec laquelle elle se touche presque en certains points extrêmes, ce continent connu depuis l'antiquité la plus reculée, berceau d'une civilisation dont les monuments grandioses font encore notre étonnement, ce vaste territoire dans lequel presques toutes les nations européennes établirent leurs premières colonies en y envoyant leurs armées et en s'efforçant à tout prix de former de nouveaux peuples est et restera probablement réfractaire à tous ces efforts, devenant le tombeau des races qui violant les lois naturelles se sont acharnés à sa conquête.

Vingt siècles d'expérience ont déjà démontré que la conquête de l'Afrique par l'élément européen est une impossibilité à laquelle s'obstinèrent vainement, à toutes les époques, différentes nations; l'Asie est habitée par une plus grande population qu'elle ne peut en élever dans l'état actuel des connaissances et des nécessités humaines ; l'Europe a atteint déjà le maximum de sa population; il existe donc sur tout l'ancien continent une énorme pression qui comprime tous les êtres humains qui y vivent.

Nous avons sous les yeux tous les faits désirables et en aussi grand nombre que possible qui prouvent l'existence de cette pression et nous en font souffrir les conséquences : socialisme, nihilisme, communisme, les milliers de mots différents qui existent dans toutes les nations de l'ancien monde pour désigner un certain ordre de phénomènes sociaux ne sont que la traduction de la même idée, la révélation du même fait : la population a atteint en Europe et spécialement dans certains pays une densité telle que la pression occa_ sionnée sur toute la masse sociale réagit sur elle-même, en produisant toute cette série de phénomènes.

Mais cette pression n'est point équilibrée partout.

Tandis que l'Europe pléthorique voit s'augmenter le nombre de ses habitants sans avoir l'espace suffisant pour les asseoir tous au banquet de la vie, l'Amérique et l'Australie, immenses, naturellement riches et dotées de toutes les conditions pour unir leur population, présentent de grands vides ou pour mieux dire un défaut, un manque de pression, qui donne libre essor aux courants d'émigration de la même manière que se condensent les courants atmosphériques dans la nature.

Voilà quelles sont les causes de l'émigration.

L'on peut donc en déduire qu'il est aussi inutile que dangereux de vouloir y mettre des entraves.

Inutile, parce que l'homme ne peut, malgré tous ses efforts, se moquer des lois naturelles qui s'accomplissent irrémissiblement, punissant toujours d'une manière fatale et inévitable ceux qui prétendaient s'y opposer.

Dangereux parce que les entraves que les lois ou les gouvernements peuvent opposer au phénomène social de l'émigration, augmentant tout d'abord la pression humaine avec toutes ses conséquences lamentables, donnent lieu à ces grands bouleversements qui se constatent dans l'histoire,

pages de sang et de feu, qui ne se produisirent que sous une trop forte pression, occasionnant des explosions comme celles des gaz trop comprimés par rapport à la résistance du récipient.

Ayez bien présent ceci :

Que toutes les grandes catastrophes de l'histoire ont été uniquement et exclusivement produites par la conséquence plus ou moins immédiate, mais nécessaire, du paupérisme, de la misère, de la tyrannie, en un mot de l'excès de pression sur les masses humaines condensées dans des territoires trop restreints pour les contenir.

L'homme émigre donc de son pays, lorsque n'y trouvant pas à satisfaire ses nécessités, il s'aperçoit qu'il en existe un autre, qui lui offre les avantages qu'il recherche.

C'est une question de vie ou de mort : devant une nécessité aussi absolue, toutes les lois et toutes les précautions qui peuvent se prendre inconsidérément par les législateurs ou les gouvernements pour empêcher l'émigration, deviennent complètement inutiles. L'homme qui cherche sa liberté, qui aspire à une position meilleure, trouve toujours le moyen d'échapper à sa sujétion, et plus ou moins tard, par n'importe quelle circonstance, il réalise son désir. Je dis cela en prenant en considération les grandes masses et non un fait individuel ou isolé. Les entraves deviennent donc inutiles, puisqu'elles n'atteignent pas le but qu'elles se proposent, mais, l'obtiendraient-elles même dans une occasion déterminée, serait-ce pour cela un bien ?

En aucune manière !

La masse humaine, etenue, augmente par sa seule présence la pression qu'elle supporte ; il s'établit une concurrence acharnée entre l'offre et la demande du travail ; les salaires baissent, la lutte pour la vie réclame un suprême effort et le phénomène se termine, soit par l'explosion, soit par la mort : c'est-à-dire par le rétablissement de l'équilibre troublé, rétablissement toujours dû à la disparition de la cause, à la sortie de l'homme qui voulait abandonner son pays soit qu'il parte vers d'autres régions soit qu'il ait trouvé son tombeau dans sa patrie.

Eh bien ! et qu'aura obtenu la société avec ses lois et ses entraves ?

Rien !

Mais non : elle aura obtenu le châtiment que la nature impose à ceux qui violent ses lois ; elle aura provoqué des catastrophes de toutes sortes et en dernier résultat elle aura conduit à la mort une partie de ses enfants.

En plus des considérations que nous pouvons appeler d'ordre purement physique, il y en a également, et de très importantes, d'ordre moral et social.

Les temps de l'obscurantisme sont passés ; nous sommes dans le siècle du progrès et de la déclaration des droits de l'homme transformée en lois positives dans tous les pays civilisés. L'on nous a appris que l'autorité et la loi ont pour unique objet de protéger et garantir l'individu et la société, mais non point d'établir sur elle, en aucune manière, la tyrannie ni entraver ses libertés.

Cela étant ainsi, au nom de quels droits une loi ou une administration pourrait-elle mettre des entraves au mouvement d'émigration ?

Que deviendraient les éternels principes de la justice, si une loi ou une administration, faisant pression sur la liberté individuelle, disait à l'émigrant : reste !

Au nom de quel principe ou de quelle convenance publique ou privée, pourrait elle-dire au prolétaire, au travailleur qui émigre : « Tu es ici soumis à une pression qui te devient intolérable, la concurrence t'ôte tout courage et t'empêche de gagner ton pain ou d'améliorer ta situation ; tu ne peux soutenir une famille et tu es donc réduit à vivre seul ou à t'abandonner au vice; tu es fort et cherche ton amélioration et ta félicité en te dirigeant vers ces contrées où la terre est à bas prix, où la subsistance abonde, où tu as l'espérance d'un avenir meilleur et d'où tu pourras aider ceux que tu laisses dans ton pays par l'envoi de l'excès de production de tes bras : eh bien, non ! tu resteras ici ! »

Tu te trouves éternellement condamné à traîner la chaîne de ta misère, à perdre jusqu'à l'espérance d'améliorer ton sort et à devenir à ton tour l'oppresseur de ceux qui t'environnent et à qui tu feras une concurrence désespérée.

Cette simple énonciation démontre que le dogme sacré de l'humanité sur la terre équivaudrait à la négation de tous les droits, au renversement complet, dans les nations, de la glorieuse triologie formée par la liberté, l'égalité et la fraternité.

C'est justement ce qui doit arriver chaque fois que l'on s'efforcera d'éviter les mouvements d'émigration et c'est cela

qui arrive déjà, bien que sur une petite échelle, dans tous
les pays qui sans opposer une barrière infranchissable aux
mouvements d'émigration, tâchent d'en arrêter l'élan par
différents obstacles légaux ou administratifs.

Personne ne peut être meilleur juge de ses propres
convenances que soi-même ; aucun gouvernement ni aucune
administration ne peuvent savoir mieux que l'intéressé
quelles sont ses nécessités et ses convenances, personne
mieux que lui ne peut trancher la question.

Prétendre le contraire, c'est donner une tutelle tyrannique
à qui n'en a point besoin ; tutelle qui condamne à l'inertie et à
la désespérance celui qui a assez d'ardeur pour marcher à la
conquête d'un meilleur avenir.

Laissez donc au libre arbitre, à la liberté individuelle, au
droit positif dont jouit chaque être humain, de disposer de
lui-même : qu'il reste, qu'il sorte, qu'il pénètre ou qu'il par-
coure n'importe quel territoire, dans la certitude que toutes
les lois qui veulent s'opposer aux courants naturels ne pré-
vaudront jamais.

En résumant le résultat de ce travail, nous pouvons formuler une loi positive qui ne sera que l'expression de la loi
naturelle ; nous pouvons formuler un vœu que nous présen-
tons à la considération du congrès, en sollicitant sa sanction
et qui est le suivant :

*Les gouvernements ne doivent point mettre d'entraves au
mouvement d'émigration.*

CHAPITRE II

AVANTAGES PROCURÉS PAR L'ÉMIGRATION AU PAYS QUI LA DONNE
ET A CELUI QUI LA REÇOIT

Chaque fois que l'émigration se produit d'une manière
spontanée et naturelle, sans l'influence des lois positives
qui obligent l'individu à émigrer comme cela se produit pour
les colonies militaires ou religieuses ou pour les expulsions
d'habitants comme celles des Juifs et des Maures, elle est
très profitable au pays qui la produit.

Dans ce cas en établissant les courants naturels du pays le
plus peuplé vers celui qui l'est le moins, ce dernier reçoit
avec la nouvelle population une augmentation de vie et
d'activité qui ne tarde pas à développer de grands progrès.

Nous voyons ainsi que les États-Unis, les républiques de
l'Amérique du Sud et l'Australie s'élevèrent en moins d'un
siècle, depuis qu'ils commencèrent à recevoir une forte

émigration, jusqu'au rang élevé qu'ils occupent aujourd'hui parmi les grands centres humains. La République Argentine, dont les progrès appellent si puissamment l'attention en ce moment, les doit tous à l'émigration étrangère qui commence à peupler son vaste et fertile territoire, et qui est en train de convertir d'anciens déserts en prairies cultivées d'où sortent chaque jour, comme par enchantement, de nouveaux peuples et de nouvelles villes.

Que les pays qui bénéficient de l'émigration y trouvent de grands avantages, cela est une vérité indiscutable, qui est dans la conscience de tous ; nous n'insisterons donc plus sur ce point.

Mais nous pensons et nous espérons démontrer que ces conséquences sont réciproques et aussi positives pour le pays qui reçoit l'émigration que pour celui qui la donne.

Avant tout, quels sont ceux qui émigrent ?

Les puissants n'émigrent point, les classes riches et élevées n'émigrent point, ceux qui ont le présent ou leurs emplois assurés n'émigrent point, ni ceux qui ont le nécessaire pour subsister : l'amour de la patrie placé au fond de tous les cœurs est une force aussi puissante que naturelle qui pousse chaque habitant à vivre sur le territoire où il est né, où il a sa famille et ses amis, où se trouvent les êtres et les choses qu'il a connu depuis son enfance et qu'il aime toujours.

Ce ne sont donc point les classes puissantes et élevées qui, abandonnant leur pays et emportant leurs richesses, peuvent priver leur patrie de la vigueur de leurs bras, ni des nombreux recours à leur disposition.

Ce sont uniquement les classes pauvres, les déshérités de la terre, les nécessiteux qui se trouvent sur le point d'être vaincus dans la lutte pour la vie; ceux qui, arrivés au moment critique et trouvant toute la terre occupée, toutes les places prises, ne peuvent malgré un travail ardu se proportionner immédiatement leur subsistance ; ceux qui, obligés par la nécessité imposée par la pression humaine; voilà, ceux qui se lancent dans l'inconnu, allant vers d'autres pays chercher la prospérité qu'une excessive population leur interdit dans le leur.

Par le simple fait de s'absenter, la pression que supporte la masse humaine qui les entoure diminue, et contribue à rétablir l'équilibre et à améliorer la condition de ceux qui restent et par conséquent celle de leur patrie, mais cet avantage qui est positif, est peut-être un des moins importants.

L'émigrant, en quittant sa patrie, apporte à la contrée où il va, sa langue, ses mœurs, ses habitudes, et étend le champ d'action de son pays d'origine, développant son commerce par le libre échange des produits, car il préférera toujours les productions de son pays qu'il recherchera partout, contribuant ainsi au développement de son commerce.

Si arrivé au pays qu'il a choisi, et que nous considérons remplir les conditions nécessaires pour sa prospérité, il peut améliorer sa situation, ce ne sera plus alors seulement pour sa propre consommation d'articles qu'il sera utile à son pays, mais encore par l'envoi de capitaux comme dons à sa famille, comme avances ou par suite d'entreprises commerciales. L'expérience a démontré que l'on envoie annuellement de fortes sommes des pays recevant l'immigration à ceux d'où elle provient.

La nation qui, à première vue, semble avoir perdu un de ses fils, a conservé en réalité, non seulement un être destiné à être vaincu dans la lutte pour la vie, mais encore a fait d'un homme qui lui était inutile un producteur qui consomme ses articles et qui compense sous différentes formes et avec excès ce qu'il semble en apparence lui avoir retiré par son absence.

Un travailleur, qui dans sa patrie excessivement peuplée produit difficilement le nécessaire pour traîner une vie précaire et qui devient un fardeau pour son pays par le paupérisme et les excès qu'engendre la misère, ou par les mille causes auxquelles donnent lieu les luttes sociales, transplanté dans une région fertile et moins peuplée produit tant que, en plus de s'enrichir lui-même, il envoie à sa patrie le trop plein de sa production. Si ce travailleur s'adonne, par exemple, à la culture du blé, pouvant disposer d'une grande étendue de terrains, il en produit une telle quantité qu'il occasionne une baisse sur cet article, fait naître l'exportation et rend à ses frères en forme de blé ou de pain, l'aide et les soins qu'exigèrent son existence.

Ce fait est tellement évident qu'il suffit d'une seule considération pour le démontrer. Supposons un instant que la nombreuse population de l'Amérique du Nord et du Sud ainsi que celle de l'Australie (venue entièrement d'Europe en forme d'émigration), ferme un jour toutes ses portes, empêchant l'exportation du blé récolté. Qu'arriverait-il ?

L'Europe s'en ressentirait d'une telle manière que la valeur du blé augmenterait immédiatement engendrant une crise terrible sur les prolétaires.

Et bien, ce qui se produit sur une immense échelle, pour le total de la population émigrée d'Europe, se produit également, en petit, pour chacun de ses coopérants, ce qui suffit pour démontrer la qualité de notre affinité.

Le développement du commerce d'une nation qui a pour origine l'émigration, est un des phénomènes les plus importants et un des avantages les plus remarquables que nous offre l'émigration ; toutes les statistiques démontrent que la somme totale du commerce des nations augmente à mesure que sont numériquement plus importantes les relations et les transactions de leurs peuples.

La navigation, le commerce maritime plus spécialement, doivent une grande partie, sinon la totalité de leurs progrès, au développement de la richesse occasionnée par l'échange de la population qui donne lieu à l'échange des produits.

Les nations dont le commerce maritime a augmenté le plus rapidement sont celles qui ont mis le moins d'entraves au mouvement d'émigration, se conformant ainsi aux lois naturelles qui sont également celles de la justice et qui résultent peut-être de celles de la convenance.

Au contraire les peuples dont les lois restrictives ont arrêté les courants d'émigration, dans n'importe quel sens, se sont trouvés ou se trouvent sinon en décadence, du moins dans une période d'arrêt. Il suffit, pour s'en convaincre, de jeter un regard sur les nations de l'Asie qui, malgré leur immense territoire et leur énorme population, ne peuvent égaler ni en richesses, ni en civilisation, ni en puissance, d'autres nations européennes beaucoup plus petites.

C'est de plus une erreur et une grave erreur sociologique de considérer que l'importance des nations augmente en tenant uniquement compte du nombre de ses habitants, nombre à l'augmentation duquel s'appliquent ceux qui combattent l'émigration. Non, non, ce n'est pas la quantité, mais la qualité qui constitue sa force, c'est ainsi que les Espagnols avec une poignée d'hommes purent conquérir l'Amérique, et que dans les temps modernes, une nation qui n'a guère plus de trente millions d'habitants, a pu étendre sa domination sur plus des trois quarts du genre humain.

Quelques renseignements statistiques serviront pour démontrer numériquement la vérité de ces affirmations ; nous donnons les renseignements relatifs à la République Argentine dans ses rapports avec les principales nations européennes, ce pays étant celui auquel nous réservons particulièrement ce travail.

Dans le premier tableau nous donnerons le nombre des émigrants étrangers (européens) arrivés dans la République Argentine à différentes époques et la quantité en millions de francs à laquelle s'est élevé le commerce d'exportation entre la République Argentine et les nations européennes.

PÉRIODES QUINQUENNALES	IMMIGRANTS ARRIVÉS	COMMERCE D'EXPORTATION
ANNÉES		EN MILLIONS DE FRANCS
1857	4.000	90
1857-862	26.000	245
1862-867	54.000	450
1867-872	144.000	750
1872-877	290.000	1.180
1877-882	236.000	1.315
1882-887	520.000	2.000

La nation qui en 1857 recevait 4.000 immigrants et n'avait qu'un commerce d'exportation de 90 millions. reçoit aujourd'hui 550,000 immigrants et rend aux nations européennes le travail de ses enfants qui atteint la somme énorme de deux milliards !

Quelles sont et dans quelles proportions, les nations qui bénéficient des richesses que ces sommes représentent ?

Naturellement, les mêmes nations qui donnèrent à la République le concours de leurs enfants et en proportion d'autant plus élevée que le nombre de citoyens qu'elles lui envoyèrent au moyen de l'émigration était plus considérable.

De 1857 à 1864 l'émigration française dans la République Argentine était inférieur à 500 individus par année et le commerce entre les différents pays était représenté par quelques millions de francs ; en 1887, 7.000 Français pénétrèrent dans la République et le commerce d'importation et d'exportation avec la France atteignit le chiffre de 246 millions de francs !

De nos jours la République Argentine, cette nation lointaine dont la population n'atteint pas quatre millions d'habitants, occupe dans les statistiques de France le septième ou huitième rang entre toutes les nations du monde, pour l'importance de son commerce avec elle. De plus certaines nations de premier ordre, de l'Europe même, comme la Russie, l'Autriche et la Turquie, ont un commerce inférieur au sien.

Dans le même cas, ou dans un cas analogue, se trouve le commerce argentin avec les autres nations européennes qui fournissent un plus fort contingent à l'émigration que celui qu'elle reçoit, ce qui permet de démontrer une fois de plus que :

L'émigration spontanée est aussi avantageuse pour la nation qui la reçoit que pour celle qui la donne.

CHAPITRE III

LES PAYS D'ÉMIGRATION ET D'IMMIGRATION

*Avantages offerts par la République Argentine
à l'immigration européenne.*

Si l'on a lu attentivement le chapitre Ier de cette étude, l'on en aura déduit comme conséquence logique que tous les pays d'émigration seront ceux qui se trouveront avoir une grande population par rapport aux capacités productives de leur sol, et dans lesquels deviennent chaque jour plus difficiles les moyens de subsistance ; au contraire, les pays d'immigration seront ceux qui auront une population restreinte et de plus grandes capacités productives, par rapport aux précédents. Chaque fois que ces conditions se réaliseront ou se reproduiront, les courants humains s'établiront en vertu de la même loi qui dans la nature fait descendre dans les vallées les eaux qui se trouvaient sur les hauteurs et diriger l'air vers les points où se produit la raréfaction ; et cela durera autant qu'il sera nécessaire, jusqu'à complet rétablissement de l'équilibre.

Sans doute, en nous reportant à la capacité productive du sol et à la densité de sa population, nous comprenons dans cette énonciation un énorme ensemble de circonstances qui peuvent varier presque à l'infini, et qui toutes tendent au même but.

Ainsi, une des premières conditions pour que des courants d'immigration s'établissent avec succès, est que le climat du pays choisi soit approprié aux besoins de la vie de celui qui va l'habiter et de ses descendants.

Si cela ne se réalise point, si les races qui habitent les climats froids prétendent coloniser l'Afrique ou l'Inde, si les habitants des rives du Gange ou de la Perse veulent peupler les steppes glaciales de la Sibérie, la nature, qui ne perd jamais ses droits, intervient directement, et en plus ou moins de temps, mais toujours à coup sûr et fatal, produit la catastrophe.

C'est ce qui s'est produit pour toutes les tentatives de colonisation de l'Afrique et de l'Inde par les races européennes.

Mais, même lorsque le climat aura été bien choisi, ce qui pourtant est une des conditions du succès, cela ne suffira pas pour l'assurer ; il faut de plus que la densité de la population soit suffisamment faible pour que l'immigrant trouve des facilités pour cultiver et pour exercer toutes les industries ; qu'il se trouve protégé par les lois, par la population et par les coutumes ; et, de plus, que ce soit un pays suffisament libre pour ne point mettre d'entraves à l'exercice de ses facultés, et assez civilisé pour qu'il puisse le protéger efficacement par la justice.

Ces conditions remplies, le succès ne serait point encore certain, si d'autres, moins importantes, mais également très utiles manquaient ; toutes pourraient exister, que l'immigrant pourrait se trouver dans un désert fertile, mais dans lequel il ne trouverait personne avec qui échanger les produits de son industrie, ou bien le défaut de moyens de transports faciles et bon marché pourrait stériliser tous ses efforts et empêcher un succès que l'existence des autres conditions semblaient devoir assurer.

Toutes ces conditions remplies, une fois que se trouve réuni tout cet ensemble de circonstances favorables, les courants d'émigration s'établissent avec la même sûreté que les courants atmosphériques; avec la même force que celle qui leur correspond suivant la différence de pression qui leur donne naissance, et l'on voit alors le rapide accroissement de peuples inconnus auparavant, l'on voit s'élever des nations qui étonnent le monde par leurs progrès, et se former de nouvelles sociétés et de nouvelles masses humaines, destinées à constituer le centre d'une civilisation: tels sont actuellement, les États-Unis, l'Australie et la République Argentine.

Les pays qui se trouvent aujourd'hui relativement dans les meilleures conditions pour recevoir l'émigration sont donc les nations de l'Amérique du Sud, dont la population est encore d'une très faible densité et dont le climat ressemble davantage à celui de l'Europe ; l'Australie, le Canada, les États-Unis et la République Argentine.

Dans le tableau suivant sont consignés les renseignements relatifs aux principaux chiffres de ces pays.

PAYS	SUPERFICIE en kilomètres carrés	POPULATION absolue	HABITANTS par kilom. car.
États-Unis	9.331.360	53.500.000	5.7
Australie	5.625.201	3.050.000	0.5
République Argentine	2.894.257	3.730.000	1.3
Canada	8.301.503	4.300.000	0.5
Brésil	8.337.218	14.000.000	1.7

Les États-Unis ont donc une population relative assez forte en rapport aux autres pays; le vide commence à se remplir, et le gouvernement de cette nation a déjà commencé à mettre des obstacles à l'entrée des émigrants.

Le Brésil a un climat si chaud, que, malgré ses richesses naturelles et son immense superficie, il est difficilement habitable pour les races européennes. Quant au Canada il se trouve dans des conditions analogues, mais pour des causes diamétralement opposées — non par défaut ou excès de la température — le froid éloigne l'émigrant.

Restent donc, dans les dernières conditions, l'Australie et la République Argentine, pays qui reçoivent un puissant courant d'émigration et qui progressent avec une grande rapidité.

Par ses conditions spéciales, l'Australie est et sera pour longtemps, avec le Canada et les États-Unis, le principal point de mire de l'émigration anglaise, qui trouve dans ces pays sa langue et ses coutumes et même jusqu'à son propre gouvernement, comme cela arrive dans les deux premiers.

La République Argentine, par ses conditions spéciales, est devenue un des points les plus importants de l'émigration des nations du centre et du sud de l'Europe, qui y trouvent, non seulement un climat offrant de grandes ressemblances avec le leur, mais encore toutes les facilités que peuvent offrir l'existence de grandes masses d'habitants de leur propre nationalité.

Ce pays, d'une immense superficie, d'un climat doux, doté par la nature de toutes les richesses qui procurent le bien-être de l'homme, est donc destiné à former dans l'avenir une grande nation de la race latine, qui rétablira dans le monde l'équilibre qui commence à se perdre par l'étonnant développement de la race anglo-saxonne, dans l'Amérique du Nord et l'Australie.

La République Argentine offre de nombreux avantages, en plus grand nombre que d'autres pays actuels d'immigration, à ceux qui la choisissent.

Le territoire est immense et sa population si faible, qu'elle doit se multiplier une trentaine de fois pour atteindre la densité moyenne de l'Europe.

Son climat, par la grande étendue de son territoire, varie, depuis la température moyenne de 5° centigrades que nous pouvons appeler le froid de la Patagonie et de la Terre de Feu jusqu'à celle de 22° dans le Chaco, qui est la température la plus élevée.

L'habitant de l'Europe qui émigre dans la République Argentine, peut choisir le climat où il désire habiter, trouvant toujours un climat semblable à celui de sa patrie, de n'importe quel pays soit-il.

La terre fertile et vierge offre des facilités pour toutes les productions, et ses montagnes renferment tous les minerais, de sorte qu'elle laisse le champ libre à toutes les industries.

Le climat est sec, il n'y existe aucune maladie épidémique

et l'eau s'y trouve en abondance de tous côtés, le pays étant arrosé par quelques-uns des fleuves les plus puissants du monde, tels que le Plata, le Paraná et l'Uruguay.

Les conditions physiques sont donc parfaitement remplies pour satisfaire aux nécessités de l'immigration.

Voyons maintenant les conditions sociologiques.

Le pays est régi par les institutions les plus libérales, au point de vue du système républicain ; il n'y a point de prérogatives de naissance ni de noblesse ; tous les habitants sont égaux devant la loi, qui protège efficacement les droits de chacun; il existe, dans la loi, et dans les coutumes une entière liberté de conscience, de commerce et de transports, qui peuvent s'effectuer par de nombreux fleuves navigables et par un immense réseau de chemins de fer enveloppant tout le pays, qui possède aujourd'hui huit mille kilomètres en exploitation et dont l'augmentation continue chaque jour.

En ce qui touche aux conditions intellectuelles et morales, elles se trouvent également remplies, par l'existence dans le pays d'une race vigoureuse et intelligente, par le grand développement de l'instruction primaire et par l'esprit d'ordre et de paix qui règne, d'une manière inaltérable, sur tout le territoire.

Toutes les conditions nécessaires pour faire de la République Argentine un pays apte à recevoir l'immigration sont si complètement remplies, que l'on n'en trouve probablement peu d'exemples dans l'histoire des grands mouvements de population. C'est ainsi que nous voyons cet ensemble de circonstances produire son effet naturel : de toutes les nations européennes et spécialement de la race latine, Italie, Espagne, France, Belgique, Suisse, se dirige un puissant courant d'immigration qui étend l'influence et augmente le commerce de la mère patrie avec la République Argentine, en même temps qu'il comble le vide de son immense territoire..

Et cet ensemble de circonstances est tellement favorable, que mêmes les nations de la race anglo-saxonne qui ont pour point de mire de leur émigration l'Australie et toute l'Amérique du Nord, commencent à diriger vers la République Argentine leurs premiers courants, qui s'augmentent chaque jour.

Ainsi l'Angleterre, qui de 1857 à 1867 avait seulement fourni deux cents immigrants annuels, en envoie de nos jours quinze cents; l'Autriche et l'Allemagne qui à cette époque donnaient à peine à la République Argentine une centaine d'immigrants, en envoyèrent dans ces dernières années de quinze cents à deux mille, chacune !

En échange, le commerce de ces nations avec la République Argentine a augmenté d'une façon extraordinaire.

Cet ensemble de circonstances favorables qui font de la République Argentine le pays qui offre actuellement les plus grands avantages à l'émigration européenne, n'a point existé précédemment; et cela explique pourquoi depuis une trentaine d'années seulement se produisirent et s'augmentèrent aujourd'hui d'une manière remarquable, les courants d'immigration.

Ainsi, avant cette époque, le pays n'était point définitivement constitué; des guerres continuelles avaient retardé son avancement; la navigation était peu développée et les communications intérieures étaient très difficiles, par le manque de chemins de fer.

Actuellement, au contraire, le pays est constitué sur des bases solides et la paix est assurée; le chemins de fer sillonnent tout le territoire, la navigation permet de communiquer avec l'Europe en dix-huit jours, et le télégraphe électrique étendant ses fils à travers toute la République, permet la communication instantanée, non seulement avec le reste du pays, mais avec le monde entier auquel il se rattache par des câbles sous-marins.

La statistique prouve qu'au fur et à mesure que se sont remplies les conditions nécessaires pour attirer l'émigration, elle a augmenté : chaque progrès du pays en chemins de fer, en institutions, en industries, a été, à la fois, la cause de l'augmentation de l'immigration, et l'effet de cette même augmentation.

Le tableau suivant montre le parallèle entre l'accroissement de l'immigration, du commerce et l'extension des chemins de fer pendant les trente dernières années, dans la République Argentine.

PÉRIODES DÉCENNALES	KILOMÈTRES de chemin de fer.	IMMIGRANTS entrés.	COMMERCE D'EXPORTATION en France.
Années 1857.........	10	4.000	90.000.000
— 1858-1867.....	572	80.000	695.000.000
— 1867-1877.....	2.230	434.000	1.930.000.000
— 1877-1887.....	7.526	756.000	3.315.000.000

Tous ces chiffres concordent parfaitement et démontrent que l'émigration se dirige vers la République Argentine en nombre d'autant plus grand que les progrès que le pays accomplit sont plus considérables, progrès dont elle est elle-même la cause et l'effet.

L'impulsion est donnée ; les courants naturels d'émigration se sont déjà établis, avec la régularité de ceux de l'air et de l'eau produits par des lois physiques immuables, et la République Argentine prospérant rapidement, ouvrira à l'Europe un immense marché pour la consommation de ses produits manufacturés, en même temps qu'elle deviendra une source productive de matières premières, spécialement alimentaires, avec laquelle elle payera à l'Europe l'envoi de ses enfants.

Résumant donc, en une seule idée, toutes les considérations qui découlent de cette étude, nous pouvons dire :

La République Argentine est actuellement l'un des pays les plus avantageux pour l'émigration européenne.

CHAPITRE IV

Nous terminerons cette étude par quelques renseignements pris dans les publications officielles et relatifs au mouvement d'immigration dans la République Argentine, de 1857 à 1888.

Pendant ces trente-deux années, ont pénétré dans le pays, par la voie d'outre-mer, étant classifiés par nationalités 990.192 immigrants ; et par la voie de Montevideo, dont les nationalités n'ont pas été classifiées, 384.605, ce qui donne un total de 1.374.797 personnes.

Il est de plus entré comme passagers de première classe 250.000 personnes, ce qui donne un total général de 1.624.497 individus qui contribuèrent à augmenter la population du pays.

Les différentes nationalités étaient représentées dans cette
immigration par les nombres suivants :

NATIONALITÉS	QUANTITÉ	PROPORTION $^o/_o$
Italiens	646.086	65.25
Espagnols	144.654	14.61
Français	91.759	9.27
Anglais	22.952	2.31
Suisses	18.072	1.82
Autrichiens	16.768	1.69
Allemands	15.271	1.54
Belges	7.645	0.78
Divers	26.985	2.73
	990.192	
Entrés par la voie de Montevideo, sans spécification	384.605	
Passagers de 1re classe	250.000	
Total	1.624.797	100.00

Il résulte que 92 °/₀ de l'immigration totale sont composés
d'immigrants de race latine, restant seulement 8 °/₀ à
répartir entre les autres races européennes, car en fait d'Asia-
tiques et d'Africains il n'en existe point dans la République.

Dans l'immigration aux États-Unis, 96 °/₀ correspondent
à la race anglo-saxonne, et il se produit un fait analogue,
bien qu'en proportions un peu différentes, pour celle qui se
dirige au Canada et à l'Australie.

De ce fait résulte qu'actuellement la République Argentine

est le plus vaste champ qui s'offre à l'émigration de la race latine.

Les principaux caractères de l'émigration entrée dans la République Argentine, se démontrent dans le tableau suivant :

Hommes	77.37	°/₀
Femmes	22.63	»
Total	100.00	°/₀
Célibataires	66	°/₀
Mariés	32	»
Veufs	2	»
Total	100	°/₀
Lettrés	63	»
Illettrés	37	»
Total	100	°/₀

Les professions étaient représentées dans les proportions suivantes :

Agriculteurs	60	°/₀
Journaliers	9	»
Menuisiers	3	»
Charpentiers	2	»
Domestiques	2	»
Professions diverses	13	»
Sans profession	11	»
Total	100	°/₀

Le tableau suivant démontre la proportion dans laquelle a eu lieu l'entrée des émigrants dans la République Argentine, suivant les nationalités, de 1857 à 1888.

ANNÉES	\nIMMIGRANTS VENANT D'OUTRE-MER						\nCLASSIFIÉS PAR NATIONALITÉS			TOTAL D'OUTRE-MER	MONTEVIDEO	TOTAL GÉNÉRAL
	ITALIENS	ESPAGNOLS	FRANÇAIS	ANGLAIS	SUISSES	AUTRICHIENS	ALLEMANDS	BELGES	DIVERS			
1857	3.021	854	270	98	68	82	74	17	461	4.951	»	4.951
1858	2.976	784	193	112	74	75	61	21	362	4.658	»	4.658
1859	3.009	802	251	149	77	69	43	30	305	4.735	»	4.735
1860	3.349	930	385	159	67	71	62	27	606	5.656	»	5.656
1861	4.807	786	148	127	85	54	57	44	193	6.301	»	6.301
1862	4.902	934	203	141	92	73	72	39	260	6.716	»	6.716
1863	7.836	1.092	397	164	109	87	83	51	589	10.408	»	10.408
1864	8.422	1.608	426	249	124	67	97	61	658	11.682	»	11.682
1865	7.697	1.981	513	213	138	89	117	56	963	11.767	»	11.767
1866	9.212	2.074	609	418	164	94	122	68	935	13.696	»	13.696
1867	7.221	3.186	991	526	187	71	185	44	814	13.225	3.821	17.046
1868	18.937	3.834	1.223	744	210	92	215	66	578	25.919	3.315	29.234
1869	21.419	3.744	1.465	892	386	121	202	43	686	28.958	8.976	37.934
1870	23.101	3.388	2.396	453	499	67	148	27	819	30.898	9.069	39.967
1871	8.170	2.554	1.988	694	435	50	155	22	558	14.626	6.307	20.933
1872	14.769	4.411	4.602	968	623	62	269	38	466	26.208	10.829	37.037
1873	26.878	9.185	7.431	1.642	1.628	187	793	145	523	48.382	27.950	76.332
1874	23.904	8.272	5.654	1.036	679	156	392	48	533	40.674	27.603	68.277
1875	9.130	4.036	2.633	1.288	378	93	354	38	584	18.532	23.534	42.066
1876	6.950	3.463	2.064	834	373	136	231	74	407	14.532	16.433	30.965
1877	7.556	2.700	1.996	808	340	57	303	83	832	14.675	21.650	36.325
1878	13.514	3.371	2.025	789	533	901	387	75	2.029	23.624	19.334	42.958
1879	22.774	3.422	2.149	783	717	1.760	490	78	341	32.717	22.438	55.155
1880	18.416	3.112	2.175	688	584	879	445	57	390	26.643	15.008	41.651
1881	20.506	3.444	3.612	1.149	635	490	591	140	804	31.431	16.053	47.484
1882	29.587	3.520	3.382	826	943	672	1.128	183	800	44.041	10.462	54.503
1883	37.043	5.023	4.286	891	1.293	1.066	1.388	383	1.009	52.472	10.771	63.243
1884	31.983	6.832	4.731	1.024	1.359	1.329	1.261	175	932	49.623	28.182	77.805
1885	63.501	4.314	4.752	1.104	1.094	1.982	1.546	973	1.352	80.618	28.104	108.722
1886	43.328	9.895	4.462	1.682	1.284	1.015	1.431	479	2.170	65.655	27.461	93.116
1887	67.139	15.618	7.036	1.038	1.420	2.498	1.133	839	1.977	98.898	21.944	120.842
1888	76.029	26.485	17.105	1.426	1.479	2.333	1.536	3.201	2.677	130.271	25.361	155.632
Totaux..	646.086	144.654	94.759	22.952	18.072	16.768	15.271	7.645	26.985	990.192	384.605	1.374.797

Ce tableau démontre que l'émigration de tous les pays a augmenté dans des proportions considérables; si nous plaçons en regard les chiffres qui correspondent aux points extrêmes, en comparant l'année 1857 à l'année 1888, la différence ressort d'une manière frappante.

| IMMIGRANTS | ANNÉES | |
SUIVANT NATIONALITÉS	1857	1888
Italiens.	3.021	75.029
Espagnols	854	25.485
Français.	276	17.105
Anglais.	98	1.426
Suisses.	68	1.479
Autrichiens	82	2.333
Allemands.	74	1.536
Belges.	17	3.201

Ce développement est la meilleure démonstration de ce que les émigrants prospèrent dans la République Argentine, l'immigration étant toute exclusivement spontanée, ne se dirigerait point vers ce pays si elle ne savait y rencontrer la certitude de s'améliorer.

En ce qui concerne la distribution dans la République Argentine de toute cette masse d'immigrants, elle s'opère avec facilité; la province de Santa Fé étant, comme la plus avancée en agriculture, celle qui reçoit le plus fort contingent (34 0/0 de l'immigration placée par le Bureau de l'agriculture), le reste se distribue en progression décroissante entre Buenos Aires (30 0/0), la capitale (11 0/0), et les autres se continuant en moindres proportions.

CHAPITRE V

RÉSUMÉ

En condensant le résultat de tout ce travail, nous pouvons le résumer dans les propositions suivantes, que nous soumettons respectueusement à la considération du congrès de géographie.

I

L'émigration et l'immigration ont, dans l'ordre sociologique, les mêmes causes que dans l'ordre physique les courants d'eau ou d'atmosphère : une différence de pression, qui établit des compensations tendant à rétablir l'équilibre, les courants se dirigeant de la pression la plus forte à la pression la plus faible.

II

Les gouvernements ne doivent point mettre d'entraves au mouvement d'émigration.

III

L'émigration profite autant au pays qui la donne qu'à celui qui la reçoit.

IV

La République Argentine est, dans l'actualité, l'un des pays qui offrent les plus grands avantages à l'émigration européenne.

Gabriel CARRASCO.

Paris, 27 juillet 1889.

Paris. — Imp. de la Soc. Anon. de Pub. Périod. — P. Mouillot, — 38103